¡El Scalping es Divertido!

Parte 2: Ejemplos Prácticos

Traducido al español por Carlos Parra

Heikin Ashi Trader

Table de Contenido

1. Haciendo Scalping con Análisis Técnico 3
2. Cómo Interpreto los Gráficos Heiken Ashi? 6
3. ¿Cuándo Entro? 12
4. ¿Cuándo Salgo? 15
5. Trabajando con Objetivos de Precio 17
6. El Scalping Heikin Ashi en la Práctica 19
7. ¿Es Útil el Análisis Técnico en el Scalping Heikin Ashi? 32
8. ¿Cómo Reconozco los Días de Tendencia? 49
9. ¿Cómo hago Scalping en los Días de Tendencia? 53
10. Conclusión 55
Más Libros del Heikin Ashi Trader 56
Sobre el Autor 60
Sello Editorial 61

1. Haciendo Scalping con Análisis Técnico

En el primer libro de la serie "El Scalping es Divertido", presenté una configuración de scalping bastante sencilla y que se puede aplicar en cualquier momento, sin importar si el mercado está experimentando una tendencia o si se mueve lateralmente sin mucha acción. Esta configuración es universal y puede ser utilizada en cualquier período de tiempo. El segundo libro de la serie quiere profundizar un poco más en esta configuración básica y presentarte una serie de patrones típicos provenientes del análisis técnico. Estos patrones son usualmente fáciles de entender y efectivos de usar, por lo que puedes aplicar los ejemplos que se destacan en este segundo libro incluso si sólo estás un poco familiarizado con el análisis técnico.

Este libro es el resultado de muchas preguntas que he recibido de participantes en mis seminarios web y mi programa de mentoría. Con este segundo libro, espero responder a todas estas preguntas. He hecho scalping por más de 14 años, pero nunca dejaré de aprender o de luchar por mejorar. Es por esto que me gustaría dar las gracias a todos estos traders por sus preguntas y comentarios. Es gracias a su colaboración que este segundo libro ha salido a la luz.

Este libro no cubre la etapa avanzada de mi configuración. Sin embargo, estoy convencido de que puedes negociar con este sencillo método sin ningún conocimiento de análisis técnico convencional. La mayoría de traders que conozco, incluyéndome, comenzó su carrera de trading mediante el estudio de gráficos, y esto tiene ventajas, así como desventajas. El análisis técnico puede compararse con la cartografía. El trader aprende a interpretar los movimientos anteriores y la situación actual en el contexto del pasado. Aprendes, por así decirlo, a leer un mapa. A dónde te llevará el viaje en el futuro, aún no lo sabes.

La desventaja de este método es que, con el tiempo, pierdes tu fresca perspectiva inicial al estudiar los gráficos. A simple vista, los analistas experimentados ven altos y bajos pronunciados. Detectan niveles de soporte y resistencia e identifican tendencias, patrones de continuidad, patrones de reversa, etc. Con su visión entrenada, es lo que se espera que hagan. Haz el intento de mirar cualquier gráfico sin ver estos patrones. Si has trabajado con análisis técnico por más de dos o tres años, es probable que no lo puedas hacer.

Por lo tanto, esta visión imparcial pertenece a las personas que jamás han abierto un libro sobre análisis técnico. Si ellos estuvieran al frente de una pintura que tu describirías como "abstracta", el analista técnico vería "calles, caballos, árboles"; en resumen, todo un paisaje. Es probable que los que hemos crecido con el análisis técnico nunca más experimentemos esta visión imparcial.

Las simulaciones en computador también han probado esto. Las simulaciones son programas que producen gráficos puramente virtuales y que no hacen referencia a ningún mercado o acción. Utilizando gráficos que han sido creados únicamente por programas de computador, el analista empezará a identificar los patrones familiares para él. Empezará a trazar líneas de tendencia, a identificar altas y bajas significativas, etc. Como puedes ver, ¡ya no se puede escapar de esta mirada parcializada!

Aun así, creo que como un "cartógrafo", puedes negociar exitosamente mediante el uso de la configuración presentada en mi primer libro. Aquí, de nuevo, los gráficos de Heikin Ashi son de gran ayuda, al permitirnos visualizar el "*flow*" del mercado como ningún otro método. Ahora, en este segundo libro, quiero combinar mi configuración con algunos elementos importantes del análisis técnico. Sin embargo, no hay necesidad de utilizar los ejemplos explicados. Una gran cantidad de scalpers que negocian de esta manera –con uno o dos indicadores– se sienten plenamente satisfechos. Otros operan utilizando la configuración del Libro 1 y también son exitosos. En el trading, se trata de encontrar o desarrollar el método que mejor se adapte a ti, por lo que no existe uno bueno o malo.

2. Cómo Interpreto los Gráficos Heiken Ashi?

Antes de empezar con los ejemplos concretos, debemos estudiar las principales características de los gráficos Heikin Ashi, ya que serán utilizados en muchos de ellos. Primero, analiza esta tabla. Ella resume la información más importante acerca de estos gráficos.

Tabla 1: Características de las Gráficos Heikin Ashi

Tendencia	Mercado al alza	Mercado a la baja
Inicio de tendencia	Aparecen velas verdes	Velas rojas descendentes
Tendencia más fuerte	Velas verdes se alargan	Velas rojas se alargan
Tendencia más débil	Velas verdes se acortan con mechas arriba	Velas rojas se acortan con mechas abajo
Consolidación/Reversión	Trompos/Doji	Trompos/Doji

Las características permanecen iguales para ambos mercados, al alza o a la baja. Los Gráficos Heikin Ashi visualizan las tendencias de una mejor manera que, por ejemplo, los gráficos de velas. Están diseñados de esta forma con el fin de identificar tendencias a simple vista. El trader sabe inmediatamente la dirección de la tendencia del mercado. Los colores de las velas no dejan lugar a duda.

Tabla 2: Una Tendencia en la representación Heikin Ashi

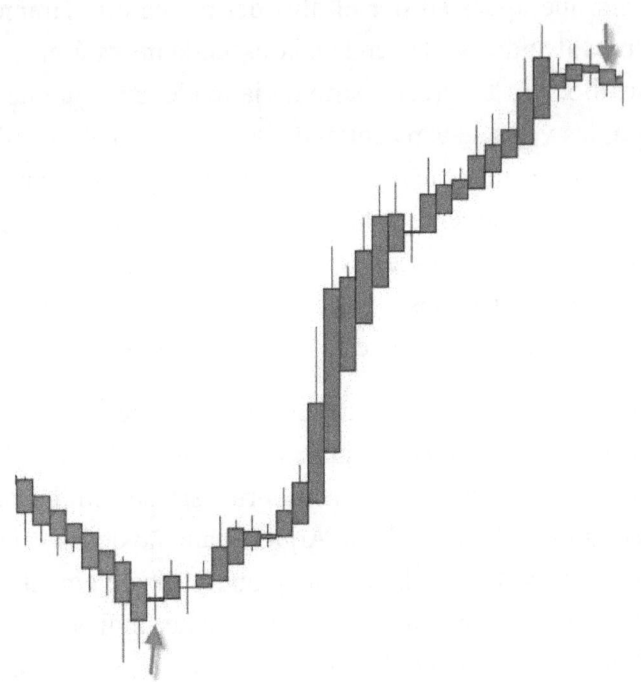

Mira de cerca la tabla 2. Todas las velas antes de la flecha azul, en la parte inferior de la tabla, son rojas. Esto significa que el mercado está en una tendencia a la baja. La vela por encima de la flecha indica un *doji* (lo que explicaré más adelante), y es de color verde. Esta sería una clásica señal de compra para mí. También vemos como todas las velas siguientes son verdes; ahora, la tendencia al alza comienza. Al principio, la tendencia es bastante titubeante, algo evidenciado por el tamaño pequeño o casi insignificante de las velas, que aún son verdes. En la mitad del movimiento, las velas ya se han alargado significativamente. Los *toros* (traders que apuestan por el alza del mercado) claramente han prevalecido, y la tendencia ascendente está en pleno desarrollo. En la tercera parte de la tendencia, aunque aún al alza, las velas se van acortando de nuevo. En el final de la tendencia, son tan chicas como al principio, y un doji aparece de nuevo. La siguiente vela es roja, como indica la segunda flecha azul. Finalmente, la tendencia alcista termina. El cambio de color en las velas sugiere que un nuevo ciclo ha empezado y que el precio está otra vez bajando.

Como un scalper contra-tendencia, eres un especialista en las tendencias que llegan a su final. Tu trabajo analítico es el de identificar tendencias y descubrir si su impulso, o *momentum*, es fuerte o débil. Aquí, el tamaño de las velas es de suma importancia. Las velas grandes, posiblemente con mechas o sombras largas, generalmente indican que la tendencia está en pleno desarrollo. En mercados al alza, esto significa que los toros sin ninguna duda tienen la última palabra. Por supuesto, no hay necesidad de aclarar que cualquier operación en corto está prohibida aquí, ¡así como cualquiera en largo! Las velas largas y fuertes indican que la fiesta está en pleno apogeo. Todo el mundo está feliz, y como el último invitado, estarías llegando definitivamente muy tarde a la celebración.

Tabla 3: GBP/USD, Gráfico de 2 minutos

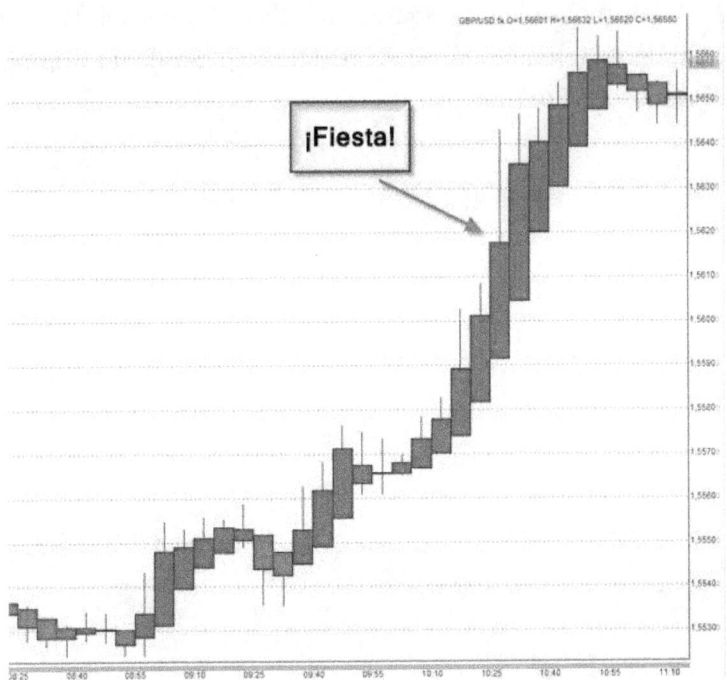

Esta tabla, con el par GBP/USD, muestra claramente la analogía de la fiesta. La vela de la mitad, como indica la flecha azul, es el alma de la celebración. En este periodo, los toros compran la libra ¡a 50 pips más! Al mismo tiempo, notarás una mecha larga, la cual indica que la fiesta puede terminar pronto. La siguiente vela es un poco más pequeña, y el nuevo punto alto no es mucho mayor que el anterior. Después, las velas empiezan a acortarse, y las dos últimas velas verdes no muestran más puntos altos. Aquí, los toros han disparado su último cartucho y se están quedando sin poder. Ahora, debes seguir de cerca lo que sigue: en lo más alto del movimiento, aparecen velas de consolidación, usualmente tomando la forma de un "doji", o de un trompo (el famoso *spinning top*).

Tabla 4: El Doji y los Trompos

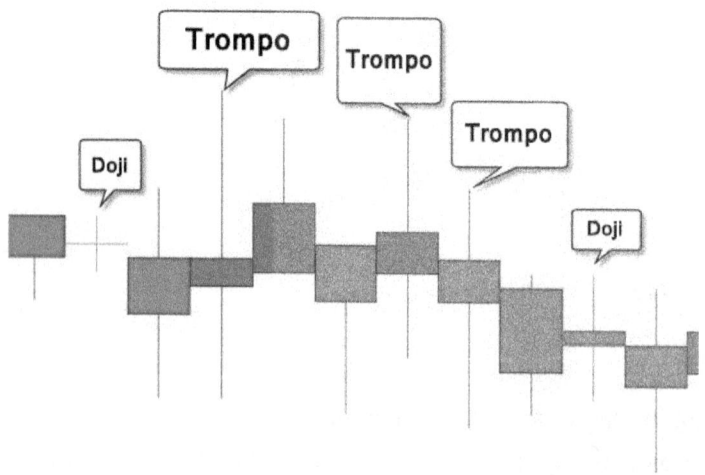

La diferencia entre los dos es fácil de reconocer. Los dojis tienen pequeñas mechas y casi no tienen cuerpo, mientras que los trompos generalmente tienen mechas largas y un pequeño cuerpo. Un doji es similar a una cruz o al signo de adición, significando que los precios de apertura y cierre del período son casi idénticos. Un doji señala un balance entre compradores y vendedores, y generalmente anuncia un cambio en la tendencia.

Aunque que los trompos parecen similares a los dojis, describen una situación ligeramente diferente. Con los trompos, los precios de apertura y cierre también son similares unos a otros. Sin embargo, las mechas largas en la parte superior e inferior del cuerpo sugieren que la volatilidad es aún alta. No obstante, un trompo es la primera señal de que la tendencia actual se debilitará, ya que ni los toros ni los *osos* (traders que apuestan por la baja del mercado) dominan el mercado.

Ambos patrones de velas indican que existe un equilibrio entre compradores y vendedores. Los participantes del mercado casi que "acuerdan" el precio.

3. ¿Cuándo Entro?

Si un doji o un trompo aparecen en un gráfico, para mí es una indicación de que el momentum actual ha terminado, al menos, temporalmente. Puede ser una pausa dentro de la tendencia o el inicio de una corrección, algo en lo que por supuesto estoy interesado como scalper contra-tendencia.

El punto es: nunca anticiparás las cosas con el 100% de certeza. Nunca sabrás si entrarás en un pequeño break o si el mercado se está preparando para corregir parte del movimiento anterior. ¿Y sabes qué? No necesitas saber nada de esto. El trading y scalping son un juego de probabilidades. Lo realmente importante aquí es que tus ganancias siempre sean mayores que tus pérdidas, las cuales debes mantener siempre controladas.

Tabla 5: Operación en Corto

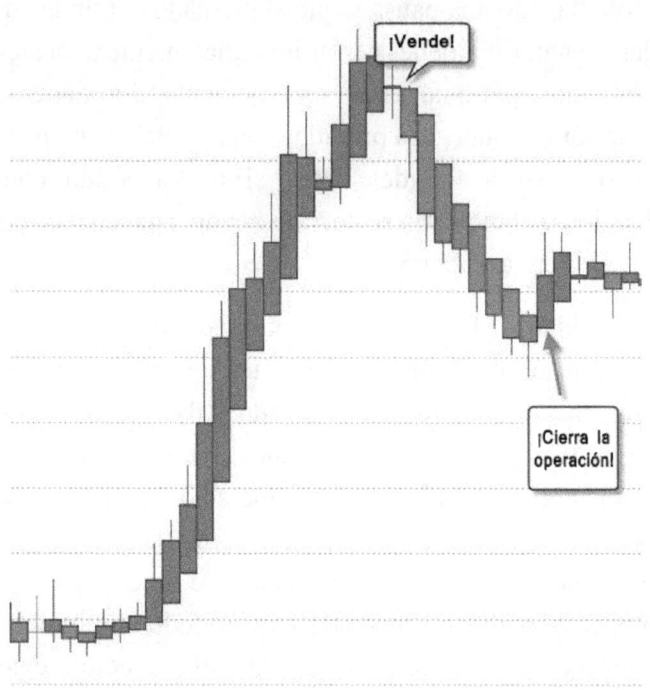

Justo después de un movimiento al alza significativo, a la izquierda del gráfico, un doji aparece en lo alto. Esta es la señal que da inicio al movimiento opuesto. Tan pronto este doji se complete, vas corto por orden del mercado. Como puedes ver, el precio cae 8 velas seguidas. Si estás trabajando con un gráfico de 1 minuto, esto es exactamente 8 minutos. La novena vela es de nuevo verde, como lo muestra la flecha. Esto significa que los toros se vuelven a apoderan del mercado. Para este momento, ya debiste cerrar tu posición y reclamar tus ganancias.

Si has operado en corto, pero al momento te das cuenta de que sólo ha sido una pausa y que el mercado continúa con la tendencia anterior, debes cerrar inmediatamente tu posición. Tendrás una pérdida, pero será pequeña. La tienes que aceptar como trader. Las pérdidas son inevitables en nuestro negocio. No lo olvides. Pero si has acertado con tu evaluación y el mercado se corrige, tendrás ganancias, como se muestra en la Tabla 5.

¡Pero cuidado! De nuevo, experimentarás dudas aquí, porque nunca sabrás anticipadamente qué tan lejos llegará la corrección. Algunas veces el mercado te da algunos pips sólo para girar inmediatamente después. Toma esta pequeña ganancia y dirígete a la próxima operación. Algunas veces, una corrección más larga ocurrirá, como se muestra en la Tabla 5 (cerca del 50% del movimiento anterior). Y en el caso más favorable, el mercado corrige todo el movimiento anterior y un poco más. Estas situaciones son como regalos, y debes aceptarlas agradecidamente. Estas son el tipo de operaciones que aumentan significativamente tu desempeño al final de la semana.

4. ¿Cuándo Salgo?

Tengo una respuesta muy simple a esta pregunta: cuando el color de las velas Heiken Ashi así te lo indiquen. Una vez más, echa un vistazo a la Figura 5. Después del rally al alza, el doji aparece y la señal corta viene con la siguiente vela, cuyo cuerpo es claramente rojo. El mercado después cae durante 8 minutos y corrige aproximadamente el 50% del movimiento anterior. En este punto, la primera vela verde surge y te dice que el movimiento de corrección terminó (¡Cierra la operación!). Si estás en corto en el gráfico de 1 minuto y el mercado produce una vela roja tras otra, ¿por qué te saldrías? Disfruta del viaje y toma tantos pips como puedas. Los necesitarás.

Considera esto: la corrección que estás negociando está sujeta a las mismas leyes que la tendencia alcista previa sobre la que has basado tu operación. Esta corrección puede desarrollar momentum. Tal vez el comienzo sea modesto y sólo aparezcan velas pequeñas. Estas siempre pueden agrandarse y traerte grandes beneficios. Pero la corrección eventualmente se consolidará. Si las velas disminuyen su tamaño, o aparecen dojis y trompos, es generalmente hora de cerrar la operación —no sin antes reclamar tus ganancias— ya que la primera vela verde está a punto de aparecer. El scalping no es sólo para mentes tranquilas, ya que todo se basa en las ganancias rápidas que se puedan sacar de los cambios de tendencia.

Esto parece ser algo evidente. Si has hecho scalping por un tiempo, es obvio que siempre esperas obtener un poco más de la operación de lo que el mercado realmente te está dando. Esta es la naturaleza humana, pero es obviamente un error. Como trader, necesitas eliminar definitivamente la palabra *esperanza* de tu vocabulario. Debes aprender a obtener ganancias regular y consistentemente, al igual que asumir las pequeñas pérdidas de manera regular y sin mucha vacilación. Si el gráfico te muestra claramente que la corrección ha terminado, no lo dudes demasiado. El mercado está en un *flow* constante. Olas de oferta y demanda van y vienen, y tu trabajo es montarlas de la mejor manera que puedas. Por lo tanto, es de suma importancia que tengas las herramientas adecuadas para visualizar estos flujos con precisión. Y esto, a mis ojos, es llevado a cabo por los gráficos Heikin Ashi.

5. Trabajando con Objetivos de Precio

La configuración básica, como la he presentado hasta ahora, funciona sin objetivos de precio. El scalper sigue en la posición a menos que se produzca un cambio de color en las velas Heikin Ashi. Si combinas esta configuración básica con el análisis técnico, puedes utilizar objetivos de precio. De esta manera, tus operaciones se basarán en tu evaluación del mercado. En este punto, la pregunta es: ¿se presentan puntos de giro en el mercado debido a ciertos niveles técnicos? (más sobre esto en los próximos capítulos). Si tienes experiencia con niveles técnicos, verás que a veces alcanzas tu objetivo de precio exacto. Sin embargo, también verás que otras veces el mercado rebasa con fuerza este objetivo. En este caso, tu orden *take profit* limitará tus ganancias. Desafortunadamente, esto rompe la regla principal del trading: cierra tus pérdidas y permite que tus beneficios aumenten. Sin embargo, esta regla no fue formulada pensando en scalpers, sino en traders que siguen la tendencia y los traders de posición.

También experimentarás a menudo que tu objetivo de precio no se alcanza y el mercado gira antes. Por lo tanto, las velas de Heikin Ashi deben guiarte. ¿Están cambiando de color? ¿Está disminuyendo su tamaño? ¿Están apareciendo dojis o trompos?

Pero existe otra razón por la cual, como scalper, debes considerar negociar con objetivos de precio. A veces, alcanzas este objetivo más rápido de lo que imaginaste inicialmente, por lo que a menudo te será imposible cerrar rápidamente la posición. En el siguiente segundo, el mercado ya puede estar cinco o seis pips por encima o por debajo.

La orden automatizada de muchos sistemas de trading conduce al mercado en una u otra dirección — a tu favor o en tu contra—. Por lo tanto, debes trabajar con una parada fija y con un objetivo ambicioso. Si el objetivo de precio no se alcanza, entonces deja que la take profit te saque del mercado. Si la take profit se alcanzó gracias a un movimiento rápido, alégrate de haber conseguido una ganga en el mercado. Hacer scalping con una orden take profit a veces te traerá beneficios, y otras veces no. De nuevo, no existe un método bueno o malo. Al final, cada scalper necesita desarrollar sus propias reglas. La experiencia ha demostrado que, a medida que crezcas y ganes experiencia en el negocio, seguramente cambiarás estas reglas a lo largo de tu carrera.

6. El Scalping Heikin Ashi en la Práctica

Ahora quiero demostrarte como hago scalping en una típica mañana con el par EUR / USD. A continuación, verás una serie de capturas de pantalla que tomé mientras negociaba, las cuales muestran la entrada y la salida en cada operación. También discutiré la gestión del stop, y al final, evaluaré mis resultados.

Tabla 6: EUR/USD, Gráfico de 30 segundos

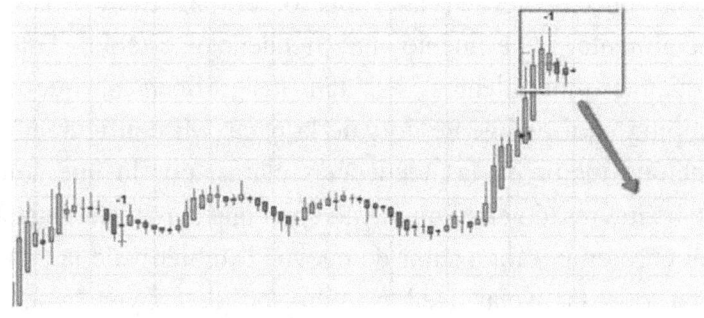

Elegí el gráfico de 30 segundos primero porque teníamos un mercado rápido. Como puedes ver, es importante ser flexible y no atarse rígidamente a un solo gráfico. El mercado está en constante flujo y cada día es diferente. A veces, los movimientos son rápidos, y a veces son lentos. Esto significa que en algunos días te será más fácil reconocer las tendencias en un gráfico de 1 minuto, mientras que en otros, un gráfico de 2 minutos puede ser el más adecuado. Afortunadamente, esto lo puedes cambiar con un click. E incluso durante la sesión de negociación, puedes cambiar la configuración del gráfico cuando la volatilidad también cambia.

Somos traders. Si siempre eliges parámetros fijos, tu trabajo bien podría ser llevado a cabo por un computador. Por lo que si vas a utilizar tu valioso tiempo para negociar y hacer dinero, es lógico que tengas una ventaja sobre los sistemas automatizados de trading. Una de estas ventajas es que, como un scalper experimentado, puedes reevaluar el mercado en cualquier momento, ajustando manualmente tus gráficos.

Como puedes ver en la Tabla 6, el par EUR / USD inicialmente experimentó una tendencia estable. Estos pequeños movimientos son tan insignificantes, que el scalping aquí realmente no vale la pena. Mi configuración funciona mejor en las tendencias claras, por lo que sólo estaba interesado en el momento en el que la ruptura llegara y el euro empezara a subir de nuevo. También vale la pena notar que las velas Heikin Ashi son de mayor tamaño después de la ruptura —los compradores estaban de vuelta—.

Por supuesto, podrías negociar esta ruptura, pero espero que sepas mi filosofía: no especulo con ella. Espero una acción clara y reconocible del mercado, y luego apuesto por la reacción. Es por eso que esperé hasta que el rally se agotara y luego fui corto en la primera vela roja, a 1.3563 (el cuadrado amarillo). Era mi primera operación del día, por lo que entré con una posición pequeña ($100.000). Quería tantear el mercado y hacerme una idea del *flow* existente, ¡y esto es muy importante de hacer!

Otra piedra angular de mi filosofía de trading es que quiero sentir el *flow*. Quiero negociar con las olas. Recuerda, nadie siente el *flow* justo al principio del día. El *flow* solamente surge a medida que negocias. ¿Sabía yo que el mercado se corregiría después de esta ruptura inicial? ¡Por supuesto no! El mercado me dirá si estoy bien o mal, y hasta dónde quiere corregir. La flecha roja indica mi expectativa. Por lo tanto, aposté a que el euro corregiría el nivel de ruptura, que venía de un movimiento lateral (lado izquierdo del gráfico).

Tabla 7 EUR/USD, Grafico de 2 minutos

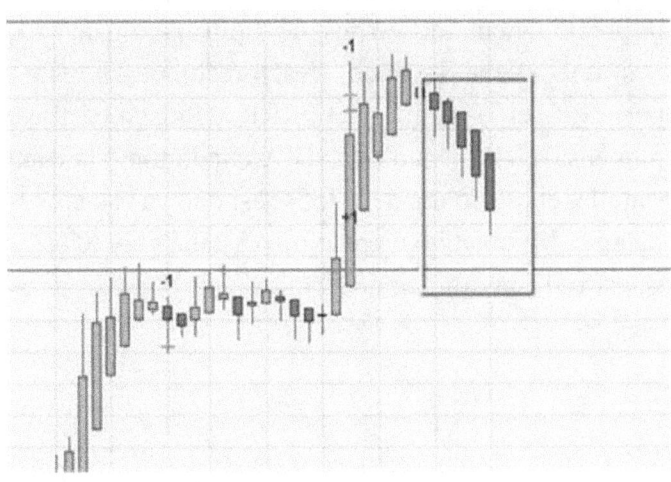

Con el fin de tener una mejor visión, me pasé a un gráfico de 2 minutos, en la Tabla 7. El mercado confirmó con mi suposición, y el EUR / USD corrigió el movimiento de ruptura previo. En la figura 7, estamos justo antes del punto en el que se alcanzaría mi objetivo de precio, simbolizado con la línea horizontal inferior. Aquí, mi take profit estaba esperando en 1.3551. Esta orden cerraría mi posición automáticamente una vez se alcanzara este nivel. Como dije, en el scalping uno siempre debe tratar de establecer objetivos de precios realistas. Para mí, ese objetivo era el nivel de la ruptura alcista anterior, más o menos donde mi orden de compra estaba esperando. Si mi escenario se cumpliera, podría obtener unos 13 pips de beneficio con esta operación.

La línea horizontal superior es la parada de pérdida, en 1.3571. Esta orden protege mi posición de pérdidas mayores. Así, la parada estaba aproximadamente a 7 pips por encima de mi precio de entrada. Arriesgué 7 pips para ganar 13, lo que es una buena relación riesgo-recompensa para un scalper. En el scalping, el RRR (Relación Riesgo-Recompensa) es a menudo de 1:1. Cuando tomé la captura de pantalla, el precio era de 1.3554, así que ya estaba 9 pips por delante. Mi objetivo de precio no estaba muy lejos, y en euros, esto se convirtió en una ganancia de 65.90.

Tabla 8: EUR/USD, Gráfico de 1 minuto

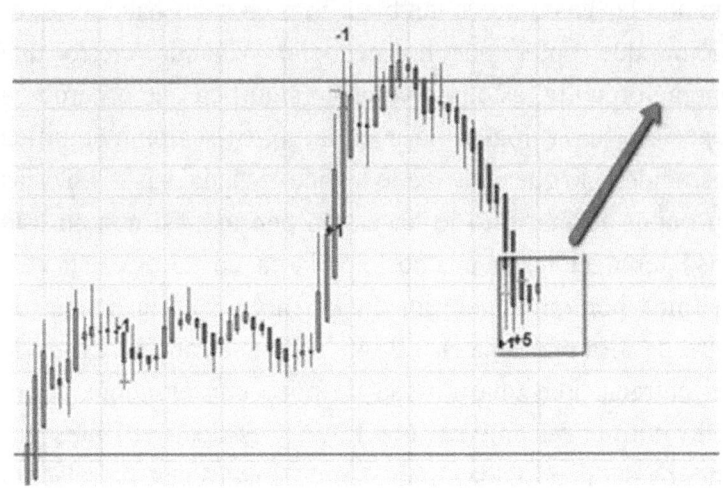

En la figura 8, he vuelto a la tabla de 1 minuto —mi configuración de gráfico preferida— para estudiar el mercado más de cerca. El -1 muestra el lugar donde había operado en corto y el +1 (como lo indica el cuadrado amarillo) es el lugar donde el take profit había cerrado mi posición. Por lo tanto, mi escenario esperado ocurrió unos minutos más tarde, y pude retirar el beneficio esperado de 13 pips. Como he dicho, sólo había entrado con un lote estándar de $100.000, ya que esta era la primera operación del día. ¡Hasta los scalpers tienen que calentar primero!

Con la confianza renovada, cambié a segunda marcha e inmediatamente fui largo otra vez, esta vez con 5 lotes (el +5 en el cuadrado). En el mercado, si eres bueno, debes centrarte principalmente en obtener tantos beneficios como puedas, y mantener las pérdidas lo más controladas posibles cuando las cosas no va tan bien. Si no puedes hacer esto, es mejor que optes por no negociar. Cuando cierro una operación corta, esto por supuesto significa que espero una reacción. Sería ilógico no ir en largo. El scalping significa responder a lo que el mercado te dice — nada más—. Si estás en buena forma, esto lo haces sin pensar. Así que en este caso, tenía 5 lotes en una posición larga, en 1.3552. Esta vez, la línea horizontal inferior en la Tabla 8 es la parada de pérdida. Era más baja en 1.3540, así que estaba a 12 pips de mi entrada. Fue una movida un poco conservadora, sobre todo porque mi objetivo era 1,3565, es decir, 14 pips por encima del precio de entrada. Como puedes ver, ¡la relación riesgo-recompensa cambia dramáticamente! Apenas era de 1:1.

Pero hay un aspecto que es importante destacar y que no puedo mostrar aquí: el factor del tiempo. Como scalper, quiero que mi escenario esperado ocurra pronto. Deseé que el mercado girara casi inmediatamente en mi dirección, pero si esto no ocurre después de unos minutos, empezaría a correr mi parada de pérdida más cerca al precio de entrada. Esta medida se basa en una experiencia muy común para muchos traders. Si la operación no está funcionando, la probabilidad de que lo haga en el futuro va disminuyendo minuto a minuto. Por consiguiente, para el trader es necesario limitar el daño tanto como sea posible. Una manera de lograr esto es reducir la distancia de la parada (¡no aumentarla!). Eventualmente, y este momento por lo general viene muy pronto, la noción de que la operación no funcionará y que lo mejor es cerrar la posición se manifestará. Esto usualmente indica una pequeña pérdida. Por eso, es sumamente importante que te familiarices con esta noción más pronto que tarde. En este sentido, soy muy riguroso. O mi expectativa ocurre, o no. Si no lo hace, prefiero salir del mercado. Esta parada de tiempo sirve para protegerme de pensamientos innecesarios como: "espero que la operación aún pueda terminar bien". Quiero que el mercado vaya en mi dirección. Si no lo hace, entonces prefiero salir.

Tabla 9: EUR/USD, Gráfico de 1 minuto

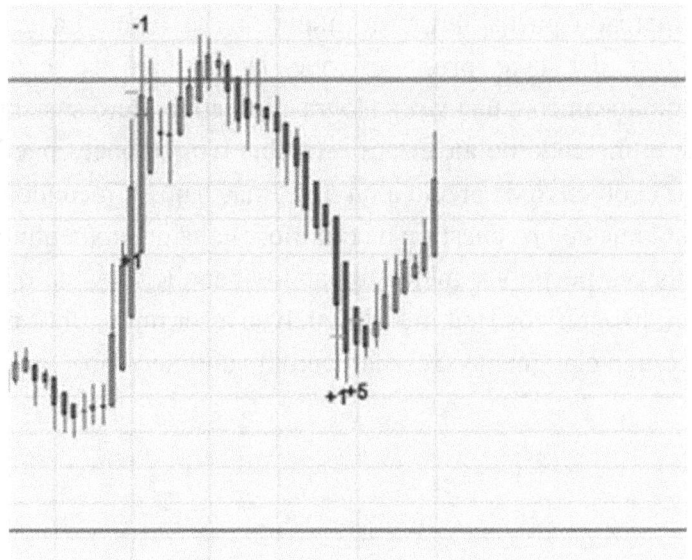

La Figura 9 muestra que, después de 7 minutos, la operación ya es ganadora. Aunque mi objetivo (la línea superior) todavía no se ha alcanzado, mi evaluación parece ser correcta. El EUR / USD está en 1.3562, sólo 11 pips por encima de mi precio de entrada. Esto indica una ganancia de capital de 362 euros. Algo para estar orgulloso.

Observa también cómo las velas Heikin Ashi eran pequeñas al comienzo de la nueva tendencia alcista, mientras que la última vela muestra una forma más dinámica. ¡La fiesta está en pleno apogeo!

Mi nuevo objetivo de precio está aproximadamente al mismo nivel que mi anterior entrada en corto. Por supuesto, no sé si el mercado pueda llegar de nuevo a ese lugar. La gran ventaja del take profit es que la posición se cierra automáticamente una vez se logra el objetivo. Pero si siento que el mercado no alcanzará este objetivo, entonces puedo fijar el objetivo de precio a un nivel más bajo. A menudo es simplemente una cuestión de criterio. ¿Falta de momentum? Entonces puede ser mejor tomar los beneficios y salir. Y aquí, los gráficos Heikin Ashi vuelven a ser muy útiles: me muestran claramente si el momentum continúa o no.

Tabla 10: EUR/USD, Gráfico de 1 minuto

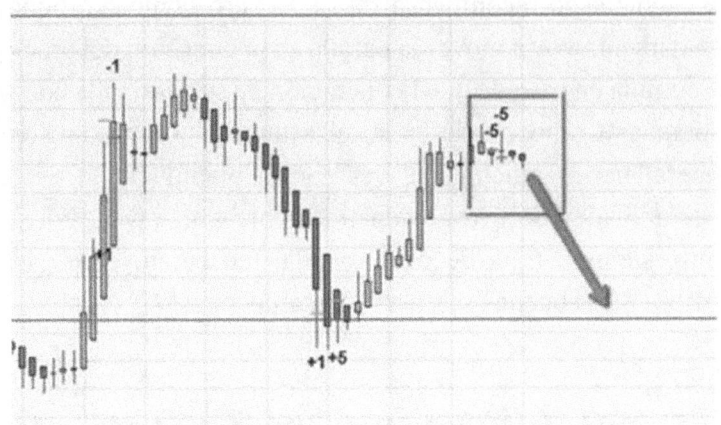

¡Sí! Después de la primera movida esperanzadora, no se presentan más altos. El mercado comienza a moverse lateralmente, las velas Heiken Ashi se están volviendo más pequeñas y —mira eso—, ¡el primer doji aparece! Para mí, esta es razón suficiente para tomar los beneficios y de inmediato ir corto de nuevo. Si sientes que el mercado no quiere o no puede ir más alto, entonces debes ir corto. Es lo más lógico.

Sin embargo, hay una importante advertencia por hacer: ¡estamos en un mercado al alza! Puedes ver esto cuando miras todo el gráfico, de izquierda a derecha. En este ambiente, las operaciones en corto van claramente en contra-tendencia. Por lo tanto, tienes las probabilidades en tu contra, incluso si cierras la operación con un beneficio. Mi entrada corta fue en 1.3562. La parada (línea horizontal superior), en 1.3572, estaba a 10 pips de mi entrada. El objetivo de precio era 1.3550 —11 pips por debajo—. De nuevo, sólo una relación riesgo-recompensa de 1: 1. Pero como he dicho, rápidamente voy a mover la parada en la dirección del precio de entrada en caso de que la operación no se desarrolle como esperaba. Como puedes ver, el scalping y el trading en general tienen mucho que ver con la manipulación de la oportunidad y del riesgo repetidamente a tu favor. Por lo tanto, siempre trata de obtener algo tan barato como sea posible. ¡Los buenos scalpers son campeones!

Tabla 11: EUR/USD, Gráfico de 1 minuto

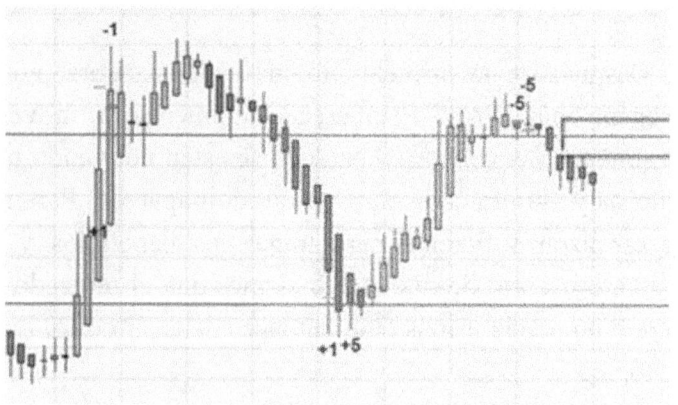

La Tabla 11 ilustra este enfoque. Estaba en corto y ya tenía algunos pips en mi bolsillo, pero tenía la sensación de que había poco momentum en el movimiento. Por lo tanto, puse la parada en el punto de equilibrio (línea horizontal superior del rectángulo), aunque no recomiendo hacer esto demasiado rápido. La volatilidad te puede sacar de la operación con bastante rapidez si la orden está demasiado cerca del mercado. Sin embargo, en algunos casos puede ser necesario no dar demasiado espacio a la operación actual si el mercado no va lo suficientemente rápido en tu dirección. En ese punto, un contra-movimiento rápido puede ocurrir y antes de que te des cuenta, la operación ya está en rojo.

Con una parada en el punto de equilibrio, mi relación riesgo-recompensa cambia dramáticamente otra vez. Una parada en el punto de equilibrio es como una operación neutra. En el peor de los casos, no obtienes nada del mercado, pero mantienes la opción de que la operación pueda moverse en tu dirección. Este es, por supuesto, el mejor de todos los casos. Para las operaciones de scalping en contra de la tendencia (subiendo), debes proceder con un poco más de cautela, incluso si tales operaciones pueden ser bastante rentables.

Tabla 12: EUR/USD, Gráfico de 1 minuto

Mi objetivo de precio no fue alcanzado, pero pude cerrar la operación con un buen beneficio. Puedes ver claramente que un doji anuncia de nuevo un giro. Es por esto que fui largo de nuevo, con 5 lotes.

Tabla 13: EUR/USD, Gráfico de 1 minuto

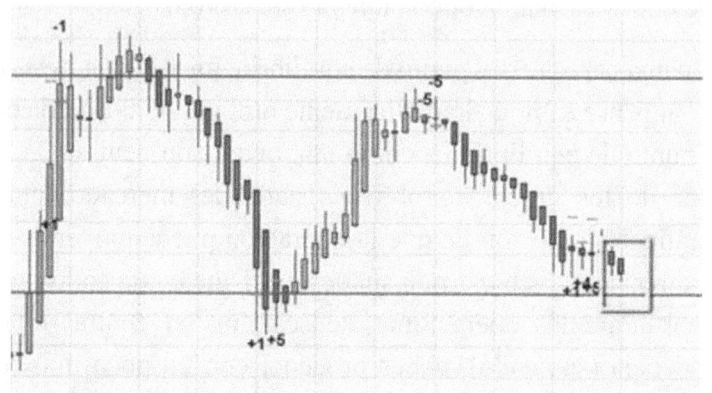

Esta vez, la suerte no estaba de mi lado. Después de tres minutos, las velas todavía estaban rojas. Parece que esta vez estimé incorrectamente la dirección que tomaría el mercado. Por lo tanto, empujé la parada de pérdida cerca al precio de entrada (línea horizontal más baja). Aún había algo de oportunidad, pero la experiencia demuestra que esta situación generalmente resulta en pérdida. Por lo tanto, siempre recuerda: ¡trata de limitar el daño! La pérdida aquí fue de 226 euros. Tiempo de un descanso para mí...

Tabla 14: Resultados de las 4 operaciones de scalping

# de Op.	Lotes	largo/corto	Inicio	Fin	Pips	Euros
1	1	corto	10:33	10:55	13	124.00
2	5	largo	10:55	11:10	11	530.00
3	5	corto	11:11	11:26	7	354.00
4	5	largo	11:27	11:48	-5	(226.00)
Total	16				26	782.00

Los resultados de esta hora de scalping fueron buenos. Fui capaz de generar 26 pips, y ganar 782,00 euros. Por supuesto, no siempre funciona de esta manera. Pero quien es disciplinado, frecuentemente tendrá buenos días como este. ¡El scalping es definitivamente divertido de esta manera!

7. ¿Es Útil el Análisis Técnico en el Scalping Heikin Ashi?

Ya hemos establecido las bases para un scalping exitoso con las velas Heikin Ashi. Básicamente, con este conocimiento ya puedes empezar a hacer scalping. Sin embargo, quisiera darte un poco más de información interesante en este libro. Me gustaría combinar la configuración básica que te presenté en el capítulo 3 con el análisis técnico. Quisiera investigar si algunos elementos del análisis técnico apoyan mi configuración. Así que la pregunta es: ¿podemos realizar entradas y salidas con una precisión aún mayor? En los siguientes ejemplos, quiero mostrarte que mi configuración de scalping se compagina muy bien con algunos principios importantes del análisis técnico, e incluso es confirmada por ellos.

A. Soporte y Resistencia

Tabla 15: EUR/USD, Gráfico de 1 minuto

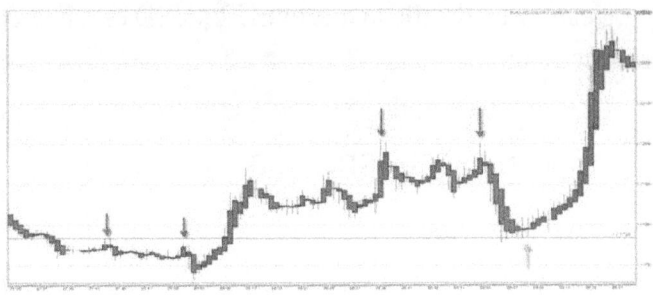

En esta tabla, vemos un clásico ejemplo de una negociación matutina en el EUR / USD. En la negociación temprana (a la izquierda de la tabla), el euro se movía mayormente de manera lateral. La línea horizontal indica un soporte, el cual será importante más adelante. Vemos cómo el euro deambula alrededor de este nivel entre las 7:00 am y las 8:00 am (hora europea). En primera instancia, la línea es un soporte y un poco más tarde, el euro cae por debajo de ella, convirtiéndose en una resistencia (las dos primeras flechas en la parte inferior izquierda). Poco después de las 8:00 am, notamos que el mercado vuelve a romper la línea. Las velas se vuelven más grandes y más regulares, siendo esta la primera indicación en el día de la presencia de los toros en el mercado. Y sí, 30 minutos más tarde, la marca redonda en 1.1200 está en juego (tercera y cuarta flecha hacia abajo). En primer lugar, la marca es probada 2 veces. Las pude haber negociado, pero las velas Heiken Ashi no me proporcionaron una buena configuración, por lo que desistí. Y es aquí donde se pone interesante. El mercado retrocede un poco y de nuevo está próximo a la línea de soporte, la cual había sido conquistada poco después de las 8:00 am. Esto es ejemplar. Ahora, veamos en detalle lo que el EUR / USD está haciendo en este momento.

Tabla 16: EUR/USD, Gráfico de 1 minuto

Podemos vemos que después de probar al número redondo 1.1200, el EUR / USD regresa unos 20 pips (velas rojas a la izquierda). Esto se completa en 3-4 minutos. Las dos velas siguientes son mucho más pequeñas, indicando una pérdida de impulso. Aunque el precio está tocando la línea de soporte, no cae por debajo de ella. Después, la vela siguiente es un doji, señalando un equilibrio entre compradores y vendedores. Aquí, un scalper Heiken Ashi debe seguir atentamente las trayectorias, porque en la vela siguiente el color cambia de rojo a verde (como indica la flecha). ¡La señal de compra está aquí! Ahora, como scalper, no debes ser indeciso. Es el momento de comprar, ya que podemos ver que el precio comienza a subir en la próxima vela, indicando que los toros están entrando en acción. La ventaja en este ejemplo es que puedes asegurar la operación con una parada de pérdida ajustada. Yo diría que en este caso, de 3-5 pips.

Si utilizas una parada demasiado ajustada, ¿te arriesgas a que tu posición sea cerrada por un movimiento accidental del mercado? Sí, es un riesgo factible. Y te sucederá en cualquier mercado. Es parte del proceso de negociación, y necesitas aprender a tomar estas pequeñas pérdidas como algo normal del negocio. Así que no elijas una parada más amplia en esta situación. O la línea de soporte se sostiene, o no. Los toros eran los encargados de la música desde las 8.00 am. Ahora, también deben mostrar lo que son capaces de hacer. Y dieron un buen esfuerzo. No sólo conquistaron energéticamente la marca redonda de 1.1200, sino que alcanzaron a elevar el precio otros 20 pips. Duración: 2 minutos. En otras palabras, esta excelente oportunidad te habría dado tus primeros 40 pips. 40 pips. Esto es más que el promedio diario de la mayoría de scalpers que conozco. Existen excepciones, pero estos son individuos muy talentosos y muy tímidos, de los cuales escucharás muy poco.

Tabla 17: EUR/USD, Gráfico de 1-Minuto

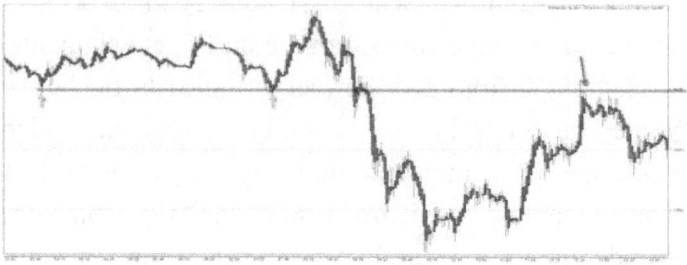

La tabla 17 muestra el típico caso de un soporte que se convierte en una resistencia. Este fue un día muy tranquilo en el EUR / USD. Temprano en la mañana, el par todavía podía defender el nivel 1.1420 (línea horizontal, en la parte izquierda del gráfico). Poco antes de las 9:00 am, los vendedores finalmente lograron romper este nivel de soporte y enviaron el EUR / USD hacia 1.1380, en un movimiento bastante modesto. La operación se vuelve un poco apática, hasta que los compradores conducen el EUR / USD hasta 1.1420 otra vez. Vemos cómo las velas alcistas alcanzan el nivel de resistencia, y luego se debilitan. Después de dos intentos fallidos por conquistar la resistencia, aparece la primera vela roja (flecha hacia abajo): la señal corta está allí. Este movimiento produjo entre 10 a 15 pips.

B. El Swing Alto y Swing Bajo del Día Anterior

Tabla 18: USD/CHF, Gráfico de 1 minuto

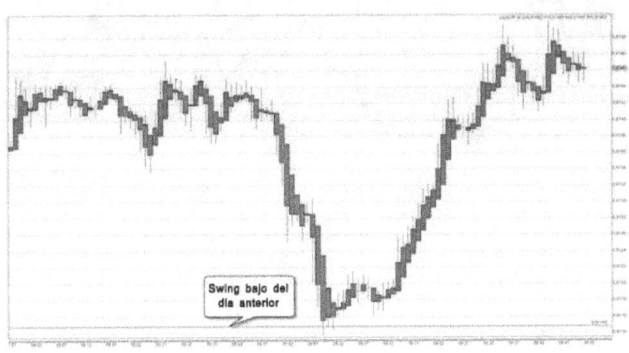

La Tabla 18 muestra el gráfico de 1 minuto para el par USD / CHF. Después de que el franco suizo deambulara en una tendencia lateral al inicio de la operación (arriba a la izquierda), experimentó un movimiento hacia abajo, poco antes de las 9:00 am (hora europea), logrando así exactamente el swing bajo del día anterior. En este punto, la primera vela verde es un doji; sin embargo, la posición larga parecía justificada por la posición del gráfico técnico. Podrías negociar este swing bajo con una parada de pérdida relativamente pequeña de 5 pips. Vemos después que el USD / CHF corrigió completamente el movimiento anterior. ¡Algo que no es raro en el comercio de divisas!

Tabla 19: EUR/GBP, Gráfico de 5 minutos

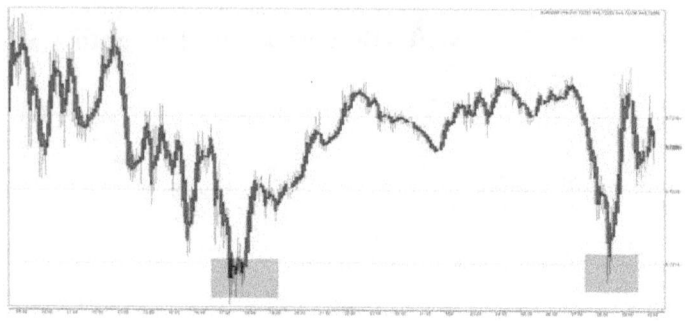

La Tabla 19 muestra un gráfico de 5 minutos para el par EUR / GBP. De nuevo, el mercado está probando el swing bajo del día anterior (primer rectángulo). Tal debilidad repentina a menudo ofrece excelentes oportunidades de compra, ya que los participantes del mercado recuerdan este nivel muy bien. Las órdenes institucionales que buscan un descuento en el mercado usualmente esperan allí para ser ejecutadas. A menudo, estos son los mismos actores que han empujado el mercado cerca a sus órdenes de compra. ¡Los chicos grandes saben jugar el juego!

Tabla 20: DAX, Gráfico de 1 minuto

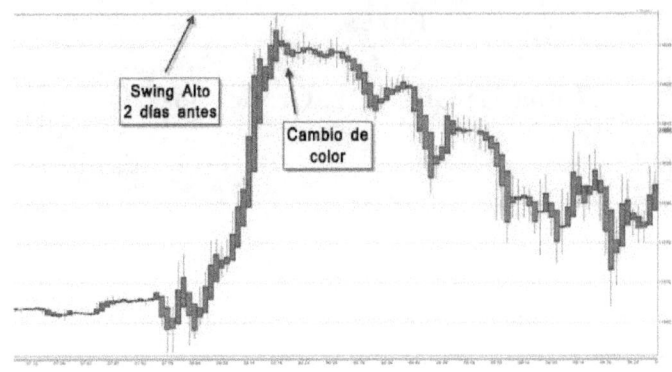

El índice alemán DAX es también uno de mis mercados favoritos cuando se trata de hacer scalping con el gráfico de 1 minuto. El ejemplo de la tabla 20 es también clásico. Vemos cómo el DAX está teniendo un pequeño rally en las operaciones pre-mercado (antes de las 9:00 am), y alcanza un swing alto previo. Este nivel ya tiene 2 días, pero puedes ver que los participantes del mercado aún lo recuerdan. Después de que el precio ha alcanzado (afectado) el nivel, la dinámica disminuye y la vela siguiente ya es roja. La señal corta arribó. Es cierto que lo siguiente no es exactamente ideal, y ciertamente algunos scalpers habrían cerrado la posición de nuevo con la primera vela verde. De todos modos, ganancias de entre 10 a 20 puntos eran muy posibles aquí. Sin embargo, swings muy altos o bajos son a menudo interesantes al nivel de entrada, ya que puedes esperar por lo menos una pequeña corrección. Tales niveles no son sacados simplemente del mercado, a menos que el rally este basado en datos económicos muy importantes.

C. La Importancia del Número Redondo en Forex

Tabla 21: GBP/JPY, Gráfico horario

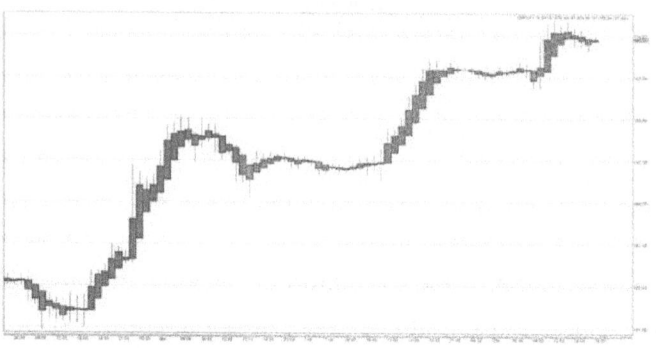

La tabla 21 muestra un gráfico horario para el par GBP / JPY, a veces también llamado "la Bestia". El GBP / JPY es uno de mis pares favoritos para negociar, y explicaré por qué. "La Bestia" es de hecho un animal salvaje. Pero cualquier trader que sabe lo que está haciendo, puede ganar dinero en este mercado. Como podemos ver, existe la oportunidad de capitalizar aproximadamente 200, o incluso más de 300 pips diarios. ¡Así es el mercado! Por supuesto, los spreads son un poco más amplios aquí. Por lo tanto, todo trader debe ajustar su gestión de riesgos para poder acomodarse a este par. El gráfico muestra claramente que los toros tienen la palabra final, ¿no es cierto? En este contexto, un scalper inteligente estaría buscando principalmente buenas señales para negociar en largo. Echemos un vistazo al microcosmos de "La Bestia".

Tabla 22: GBP/JPY, Gráfico de 1 minuto

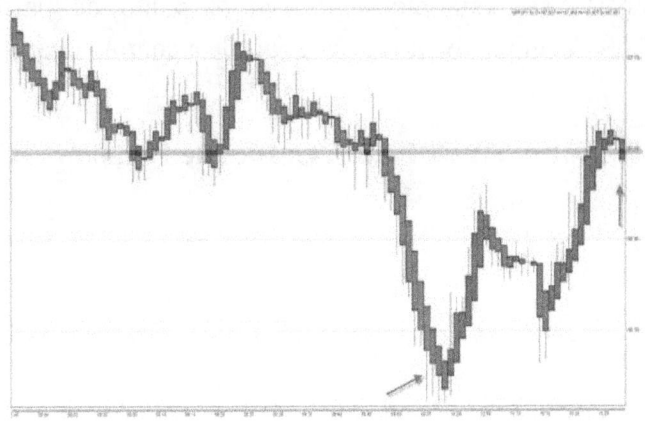

En la figura 22, volvemos al gráfico de 1 minuto. La línea horizontal en el centro de la tabla representa el número redondo 187.00. Este dato será importante. Vemos que el precio se mantiene en este número durante el trading de la mañana. Luego, poco antes de las 10:00 am, los osos consiguen empujar el mercado bajo este nivel por unos 30 pips. ¿No es esa una escalera roja maravillosa? De nuevo, este movimiento no es tan fácil de anticipar. Pero esta clase de escaleras descendentes son casi siempre hermosos regalos para mí como scalper. Sé que el movimiento será corregido. Y una negociación de scalping en largo, una vez que el color de las velas cambie de rojo a verde, habría generado rápidamente al menos 10 pips. Luego, el mercado vuelve a bajar un poco, pero ya no alcanza la baja anterior y sube nuevamente al nivel 187. ¡Ahora, esta es información muy importante! Los osos han intentado empujar el mercado hacia abajo, pero claramente sin éxito. Los toros lograron empujarlo sin esfuerzo de nuevo al punto de partida: ¡187.00! Y ahora veamos lo que sucede a continuación:

Tabla 23: GBP/JPY, Gráfico de 1 minuto

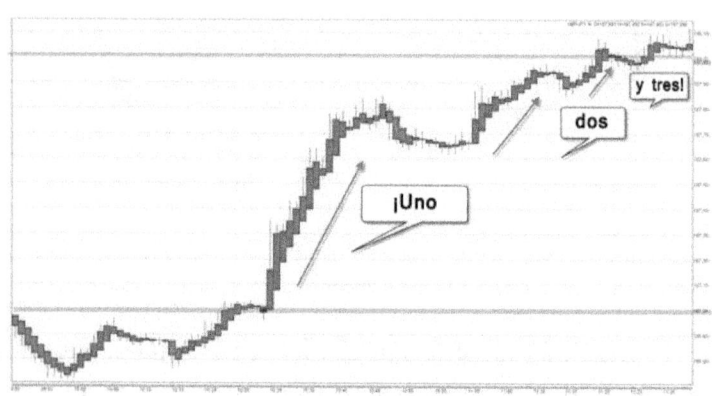

En la parte izquierda de la tabla 23, puedes ver la continuación de la tabla 22. Los toros han llevado a "la bestia" de vuelta al punto de partida de la mañana, es decir, al número redondo 187,00 (línea inferior). ¡Y entonces, ¡empiezan a hacer lo que saben! En 3 subidas, llevan el par GBP / JPY al siguiente número redondo: 188.00. ¡Uno, dos, y tres! Tres impulsos maravillosos que podrían haber sido aprovechados por cualquier scalper inteligente.

Si hubieras identificado la debilidad de las primeras horas de la mañana como falsa, podrías haber entrado directamente en el nivel 187. Después de la primera y más grande subida, podrías haber confiado en que los toros llevarían el precio a

188. Esto son 100 pips en aproximadamente una hora, de 10:30 am hasta las 11:30 am. Sin embargo, sólo habrías podido hacerlo con la suficiente experiencia en este mercado. A "La Bestia" le gusta moverse 100 pips con suma facilidad, y es por esto que me encanta este mercado. Si puedes aprovechar esos movimientos de vez en cuando (con paradas de pérdida de 5-10 pips) ganarás en grande en este mercado.

Tabla 24: USD/JPY, Gráfico de 1 minuto

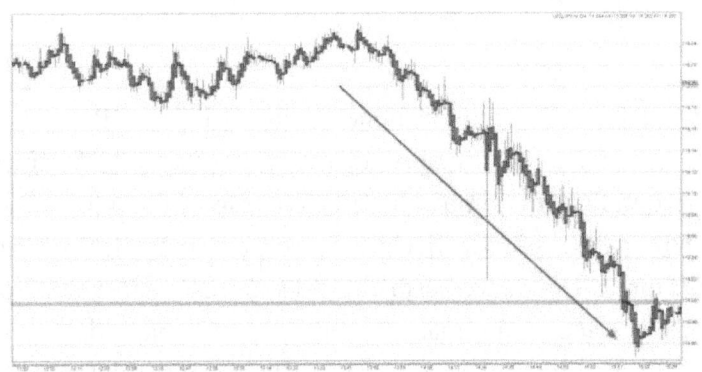

Un mercado de scalping completamente diferente, pero igualmente interesante, es el del par USD / JPY. Aquí, pareciera que la volatilidad es significativamente menor que en el par GBP / JPY. El par USD / JPY es de hecho el par principal de los pares del yen, y por lo tanto tiene la liquidez más alta del día. 20 pips ya indican un buen movimiento en este mercado. Aquí, puedes utilizar paradas ajustadas debido a la baja volatilidad (a menudo sólo 2 o 3 pips del precio de entrada). Este fue también el caso en el ejemplo. Vemos un claro movimiento descendente, ligeramente por debajo del número redondo 119.00 (línea horizontal azul). Es emocionante ver lo que sucede después de esto.

Tabla 25: USD/JPY, Gráfico de 1 minuto

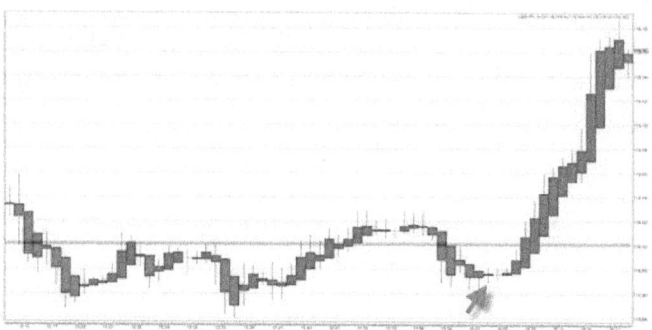

En la tabla 25, vemos claramente que el USD / JPY formó tres descensos por debajo del número redondo 119 (línea horizontal). Esto es muy significativo, especialmente porque el tercer descenso (la flecha), es un poco más alto que los anteriores. De nuevo, esta información es importante: los toros no aceptarán más descensos por debajo del nivel 119.00, lo que significa que están dispuestos a defenderlo. Esto efectivamente sucede, y el rally subsiguiente ofrece 20 pips. ¡De vuelta al principio! Echemos un vistazo a este tercer descenso un poco más de cerca:

Tabla 26: USD/JPY, Gráfico de 1 minuto

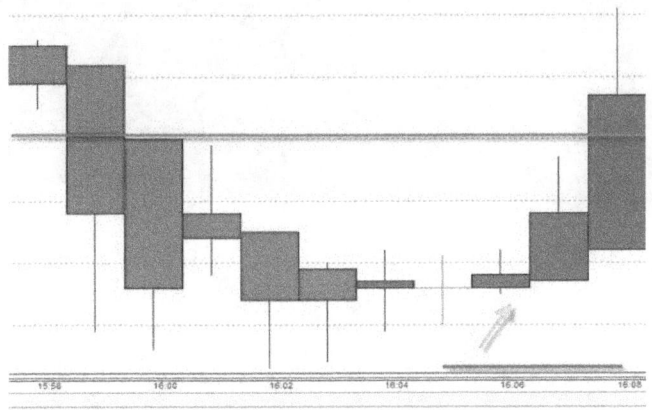

Las velas se hacen más pequeñas de 2 a 3 pips por debajo del nivel 119 (línea hotrizontal), y luego forman dos dojis, cuyos colores cambian a verde. Aquí, por fin, cerca de la culminación del tercer descenso, el scalper puede tomar una posición larga con una parada ajustada (2-3 pips). Esto no siempre traerá éxito, pero esta vez habrían sido sólo 20 pips en USD / JPY. La pequeña línea roja bajo las velas es la parada.

Tabla 27: DAX, Gráfico de 1 minuto

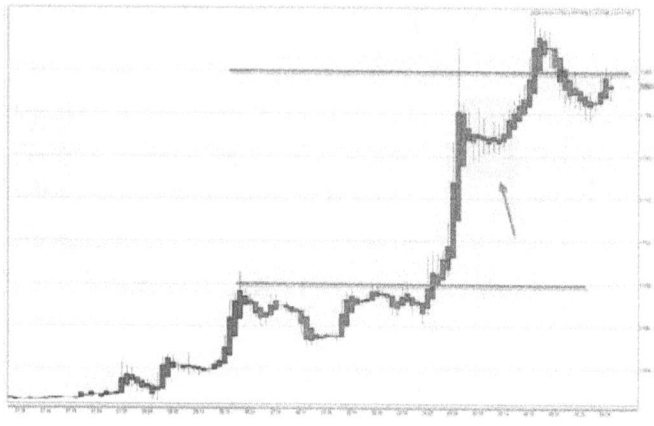

La Figura 27 muestra el gráfico de 1 minuto para el DAX. Por favor observa que en este punto, el DAX estaba claramente en un movimiento alcista. Podemos ver cómo en la primera hora de la mañana, los compradores tratan de superar el nivel 11.700 (línea horizontal inferior). A las 9:00 am (comienzo de la negociación en Frankfurt), finalmente tienen éxito y pueden generar 100 pips en 6 minutos. Esta es una información muy importante, ya que significa que los toros tienen un control absoluto del mercado y los osos no tienen nada que hacer. Aquí, lo verdaderamente importante para los scalpers es lo que sucede después de este primer movimiento (flecha). Veamos esto más de cerca.

Tabla 28: DAX, Gráfico de 1 minuto

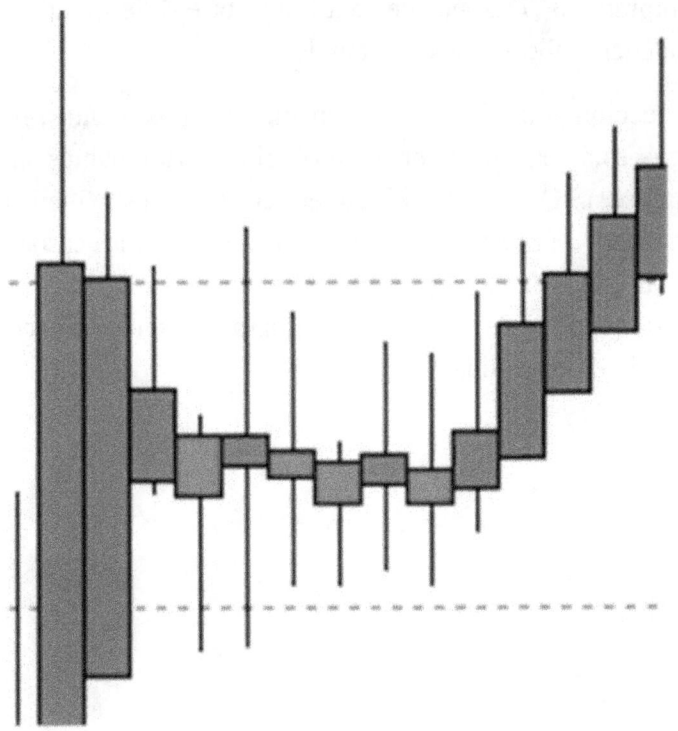

En el gráfico de 1 minuto, el DAX se mueve lateralmente después del poderoso movimiento ascendente de 100 pips. Después del cambio de color, vemos 5 trompos y dos martillos alcistas. Cualquier scalper operando en corto habría tenido muy poca alegría. Los trompos, y en especial el martillo, sugieren que los toros ni siquiera permitieron una pequeña corrección. Ciertamente, hay lugar para generar algunos tímidos beneficios, pero esto no conducirá a una presión de venta alta. Los contratos de los vendedores están siendo adquiridos inmediatamente por los codiciosos compradores. Después de esta breve fase de 8 minutos, la tendencia sube 45 pips adicionales.

La lección aquí: después de tan fuertes movimientos, ir en corto está terminantemente prohibido (¡100 puntos en 6 minutos!). Quien haya ido en corto en este mercado, terminará asumiendo pérdidas, o en el mejor de los casos, las cubrirá. Habría sido, por supuesto, más sabio reconocer el enorme poder de los toros e ir largo después del corto período de consolidación.

8. ¿Cómo Reconozco los Días de Tendencia?

En los mercados "normales", un scalper puede ir tanto largo como corto. La mayor parte del tiempo, los mercados se mueven lateralmente. En estas situaciones, es completamente seguro comprar el soporte (el swing bajo del día anterior, el número redondo) y vender la resistencia (el swing alto del día anterior, el número redondo). Obviamente también experimentarás pérdidas aquí, pero como ya lo sabes, esto es parte del negocio.

Más peligroso que esto es hacer scalping contra-tendencia en los días de tendencia, porque aquí vas contra las fuerzas dominantes del "big money", o las grandes instituciones financieras. Siempre es fácil determinar a la noche si el mercado que estabas negociando era un día de tendencia. Pero, ¿también lo puedes saber a las 9:00 de la mañana? Por supuesto no. Nadie lo sabe. Las estadísticas muestran que los mercados van lateralmente más del 70% del tiempo. Esto significa que las configuraciones que te presenté en este libro son válidas para la mayoría de tus operaciones.

Si descubres que el mercado está subiendo de nuevo inmediatamente después de haber negociado en corto la reacción de un primer movimiento ascendente, ¡es buena idea tener cuidado! La posibilidad de que estemos presenciando el comienzo de un día de tendencia es ahora realista. Por lo general, tenemos 1-2 días de tendencia por semana. Y aunque no siempre son fáciles de identificar, siempre hay algunas pistas. Si en los dos (o tres) días anteriores de negociación se presentaron rangos típicos (mercados laterales), entonces la probabilidad de que hoy sea un día de tendencia incrementa. Otra indicación es si el mercado primero se mueve en la dirección contraria. Esto ocurre en el mercado Forex, típicamente en la mañana europea. Los osos primero envían el precio al sótano. Los niveles de captura preferidos son a menudo los mínimos del día anterior, donde las órdenes de compra más grandes de los osos están a la espera de ser ejecutadas. Por supuesto, el "big money" quiere obtener un descuento extra en el mercado antes de empujarlo de nuevo. A menudo, el rally comienza después de alguna "consolidación" en la parte baja del mercado. Las damas y los caballeros primero quieren, por supuesto, que todas sus órdenes de compra sean ejecutadas. Si deseas un ejemplo de este escenario, vuelva a mirar las tablas 22-23.

A veces también experimentarás un descenso rápido, que se parece a una liquidación. Al mismo tiempo, el mercado se corrige. Esto se denomina formación en V, ya que los movimientos en la gráfica parecen una V. Ejemplos de esta formación se muestran en las tablas 18-19. Por supuesto, estas son excelentes oportunidades para hacer scalping. Los días de tendencia a menudo ocurren cuando se esperan datos económicos o conferencias de prensa muy importantes de los bancos centrales. Debes tener en cuenta el "aumento en la volatilidad", como lo llaman los medios de comunicación. En estos días, por lo general, la tendencia principal (gráfico diario o semanal) se reanuda, por lo que podrás ver con frecuencia que los mercados como el EUR / USD se mueven de 100 a 150 pips fácilmente. Y tú, como scalper, también quieres un pedazo del pastel, ¿verdad?

Nada es más difícil que intentar negociar en corto un mercado que ha estado subiendo todo el día. Créeme, hablo por experiencia personal. He hecho esto una y otra vez, y casi no existe una forma más agotadora de ganarse la vida que yendo en corto en un mercado alcista. Lo opuesto también es cierto. Si constantemente eres un comprador generoso en mercados a la baja, te espera una difícil y costosa vida.

Y es por esto que es tan importante que, como scalper, también consideres el panorama general. Si no sabes si "tu" mercado en el gráfico diario o el de 4 horas experimenta una tendencia alcista, bajista o lateral, en realidad no sabes lo que estás haciendo. Incluso si realizas tus operaciones de scalping con precisión quirúrgica, igual necesitas estar familiarizado con las fuerzas subyacentes del mercado. Estudia las tendencias, estudia el calendario económico y —te reirás— de vez en cuando lee la sección financiera de un periódico respetable. La ventaja de leer estos artículos periodísticos es que no estarás, por una vez en la vida, en Internet. Podrás obtener un poco de sana distancia leyendo sobre una buena estimación en un mercado de divisas (y el mercado asociado de bonos) y disfrutando de un buen cigarro, o lo que más te agrade. Un gran plan, ¿no?

Espero que veas que deberías tratar de acercarte al mercado con una estrategia larga en un mercado alcista y con una estrategia corta en uno bajista. Tendrás mayores probabilidades de ganar si operas así. ¿Debes dejar a un lado las operaciones cortas en un mercado alcista? No, no diría eso exactamente. Siempre existen oportunidades para los scalpers en ambos lados. Pero sí debes estar consciente de que si mantienes una posición larga en un mercado bajista, los vendedores pueden aparecer en cualquier momento. A pesar de que somos scalpers contra-tendencia, esto no significa que vamos a poner permanentemente nuestra vela contra el viento. Por lo tanto, ponte en guardia y sé cuidadoso cuando estés haciendo scalping contra la tendencia principal del mercado.

9. ¿Cómo hago Scalping en los Días de Tendencia?

Los días de tendencia no son una amenaza para un scalper contra-tendencia. Más bien, ¡es al contrario! A menudo, son los días de tendencia cuando se puede obtener el mayor beneficio. Como su nombre lo indica, un día de tendencia indica que el mercado experimenta una tendencia clara. A primera vista, se podría pensar que esto simplifica el trabajo del trader. Pero la experiencia demuestra que muchos traders y scalpers ganan muy poco en tal día, o incluso pierden. Tratar de explicar detalladamente este fenómeno es algo que va más allá del propósito de este libro; sería tema de un estudio mucho más profundo sobre la psicología del tarder.

Tabla 29: EUR/USD, Gráfico de 2 minutos

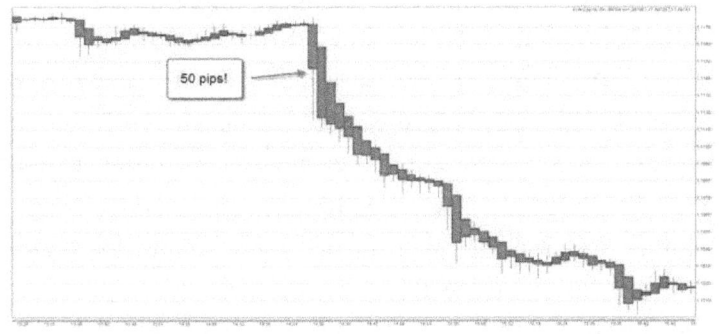

En la parte superior izquierda de la tabla, verás que el mercado primero se mueve lateralmente. Esto sucedió en el resto de la mañana (en Europa), hasta las 8:30 hora de Nueva

York. Luego, se publicó el IPC (Índice de Precios al Consumidor) de Estados Unidos, para abril de 2015. La cifra fue ligeramente más débil de lo esperado, pero eso no impidió a los participantes del mercado comprar dólares masivamente y vender euros. ¿Por qué? Debido a que la tendencia principal en el EUR / USD durante meses fue simplemente corta. Punto. ¿Alguna pregunta?

Como un scalper contra-tendencia, tienes un problema, ya que casi no hay contra tendencias para negociar. La primera vela después del quiebre descendió 50 pips. Y luego, el mercado bajó otros 120 pips sin resistencia significativa. Puedes ir corto en cualquier momento de este mercado y obtendrás ganancias. Pero me gustaría expresar una clara advertencia: Lo puedes hacer, pero hazlo con una parada ajustada. Si sales del mercado, entonces es simplemente mala suerte.

Por el contrario, recomiendo ir en corto con una posición más pequeña de lo habitual cuando el mercado se recupere por un corto tiempo (incluso si sólo se recupera unos pocos segundos o 1 minuto). Yo usaría una parada más generosa (digamos, más de 20 pips). De nuevo, esto no siempre arrojará ganancias, pero de vez en cuando obtendrás un buen beneficio. A propósito, tales figuras importantes salen a menudo el viernes. Es una buena práctica entre los traders llevar a cabo un golpe tal y así poder recibir de la mejor manera el fin a la semana. ¡El cigarro está esperando!

10. Conclusión

El trader astuto habrá notado que he omitido el tema "Riesgo y gestión del dinero" hasta ahora. ¡Esto no es porque considere el asunto poco interesante! Ya has leído el segundo libro de la serie "¡El Scalping es Divertido!", que trata con mayor profundidad el arte del scalping. Espero haberte podido ayudar a entender mejor este estilo de trading por medio de varios ejemplos detallados de diferentes mercados. Sin embargo, considero el *Money Management* de tal importancia, que prefiero discutirlo por separado en la parte 3 de esta serie. El enfoque se basará especialmente en las siguientes preguntas:

1. ¿Cómo evalúo mis resultados de negociación?

2. ¿Cuáles son las cifras clave para llevar esto a cabo?

3. ¿Qué parámetros puedo cambiar para optimizar mis resultados?

Si entiendes el método y logras dominar los principios de la gestión de riesgos, nada se interpondrá en el camino de tu carrera de trading.

¡Te deseo éxito!

Heikin Ashi Trader

pdevaere@yahoo.de

Más Libros del Heikin Ashi Trader

¡El Scalping es Divertido!

Parte 3: ¿Cómo evalúo mis resultados de negociación?

El scalping es la forma más rápida de ganar dinero en el mercado de divisas. Apenas existen métodos más eficaces para aumentar el capital de un trader. El Heikin Ashi Trader explica el por qué en esta serie de cuatro libros sobre scalping.

En este tercer libro, el Heikin Ashi Trader responde a la pregunta de cómo se pueden analizar y evaluar correctamente los resultados de un scalper y examina qué factores son importantes para tener éxito a largo plazo en el mercado de divisas, basándose en los resultados semanales de un trader. Este análisis exhaustivo de un diario de trading de 12 semanas también le permite al lector estudiar profundamente la curva de aprendizaje de un profesional neófito del trading.

La estrategia de scalping altamente eficaz que presenta el Heikin Ashi Trader se aplica a periodos de tiempo cortos, tales como el gráfico de 1 minuto, así como a periodos más largos. Se puede utilizar este método universal para negociar con índices bursátiles y en los mercados de divisas. Los instrumentos típicos son futuros, divisas y CFDs.

Contenido:

1. El diario de Trading como Herramienta

2. Las primeras 12 Semanas de un Nuevo Scalper

- Semana 1
- Semana 2
- Semana 3
- Semana 4
- Semana 5
- Semana 6
- Semana 7
- Semana 8
- Semana 9
- Semana 10
- Semana 11
- Semana 12

3. ¿Cómo está Jenny ahora?

4. El Scalping es un Negocio

Cómo empezar un negocio de Trading con $500

Muchos traders que apenas empiezan en el negocio financiero cuentan con poco capital disponible para negociar. Pero esto no es un obstáculo para comenzar una carrera exitosa en el trading.

Sin embargo, este libro no trata sobre cómo convertir una cuenta de $500 en una de $500,000. Son precisamente estas expectativas de retorno exageradas las que llevan a muchos traders novatos al fracaso.

Por el contrario, el autor explica de una manera bastante realista cómo puedes convertirte en trader de tiempo completo a pesar de contar con un capital limitado. Esto aplica tanto para traders que quieran realizar su actividad en privado como para aquellos que eventualmente desean negociar activos financieros en nombre de sus clientes.

Este libro muestra paso a paso cómo hacerlo. Además, contiene un plan de acción concreto para cada paso. En principio, cualquier persona puede ser un trader, si él o ella están dispuestos a aprender cómo funciona el negocio.

Tabla de Contenidos

1. ¿Cómo Hacerse Trader Con Tan Sólo $500 En La Cuenta?
2. ¿Cómo Adquirir Buenos Hábitos De Trading?
3. Conviértete En Un Trader Disciplinado
4. El Cuento De Hadas Del Interés Compuesto
5. ¿Cómo Negociar Con Una Cuenta De $500?
6. Trading Social
7. Habla Con Tu Agente
8. ¿Cómo Convertirse En Un Trader Profesional?
9. Negociando Para un Fondo de Cobertura
10. Aprende a Establecer Contactos
11. Conviértete en un Trader Profesional en 7 Pasos
12. $500 es Mucho Dinero
Glosario
Otros Libros de Trader Heikin Ashi
Sobre el Autor
Sello Editorial

Sobre el Autor

Heikin Ashi Trader es reconocido mundialmente como especialista en scalping con el gráfico Heikin Ashi, el cual ha utilizado durante 19 años en sus operaciones. Trabajó para un fondo de cobertura antes de iniciar su negocio como operador independiente. Su libro "¡El scalping es divertido!" es un bestseller internacional con más de 30.000 ejemplares vendidos. Puede encontrar más información sobre su método de scalping en su sitio web www.heikinashitrader.net.

Sello Editorial

© 2017 Heikin Ashi Trader

El trabajo, incluyendo todo el contenido de esta publicación, está protegido por derechos de autor. Todos los derechos reservados. Ninguna parte de esta publicación puede ser reimpresa o reproducida de ninguna forma ni por ningún medio, sea electrónico, mecánico, fotocopia o de otro tipo, sin el permiso expreso y por escrito del autor. Todos los derechos de traducción son reservados.

El uso de este libro y la implementación de la información contenida en él están expresamente bajo su propio riesgo. El trabajo, incluyendo todo el contenido, ha sido compilado con el máximo cuidado. Sin embargo, desinformación y errores de impresión no pueden ser completamente eliminados. El autor no asume ninguna responsabilidad por la actualidad, exactitud e integridad del contenido del libro, ni por errores de impresión. No puede haber responsabilidad legal, así como responsabilidad en cualquier forma por información errónea y consecuencias resultantes del autor. Para el contenido de las páginas de Internet impresas en este libro, los operadores de las respectivas páginas de Internet son los únicos responsables.

Primera Edición 2017

Texto: © Derechos de autor por Heikin Ashi Trader

12 Carrer Italia, 5B

03003 Alicante, España

Todos los derechos reservados

www.ingramcontent.com/pod-product-compliance
Lightning Source LLC
Chambersburg PA
CBHW061218180526
45170CB00003B/1049